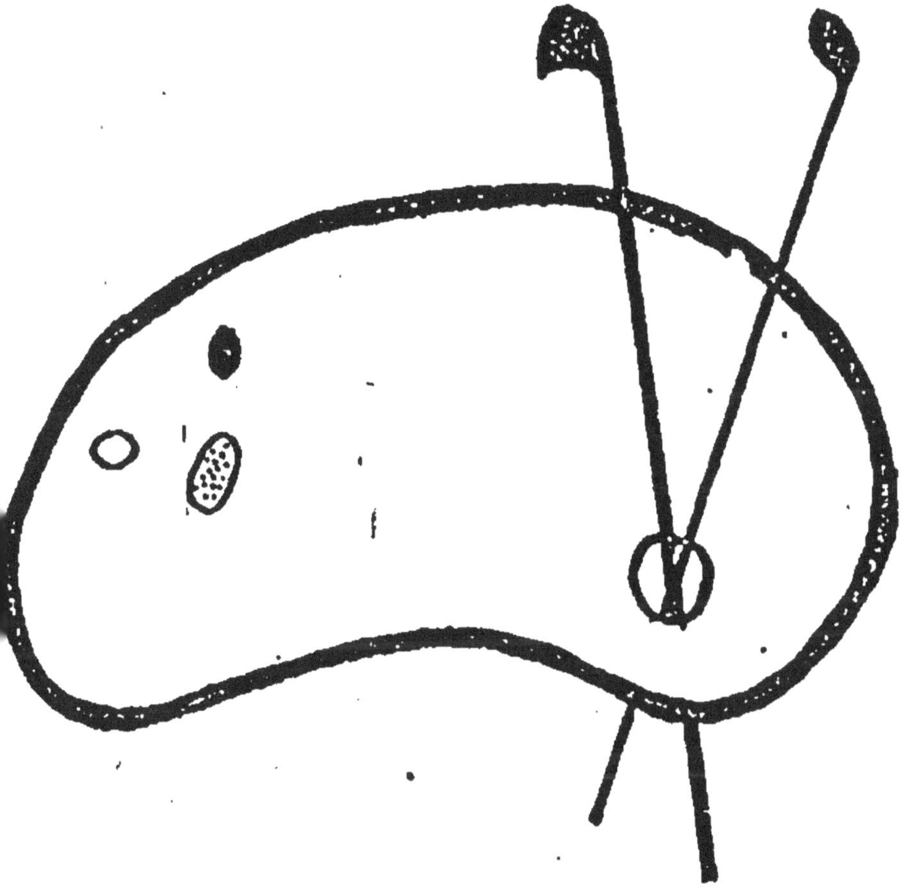

DEBUT D'UNE SERIE DE DOCUMENTS
EN COULEUR

CALVAIR D CHAUMUSSAY

O CRUX, AVE, SPES UNICA

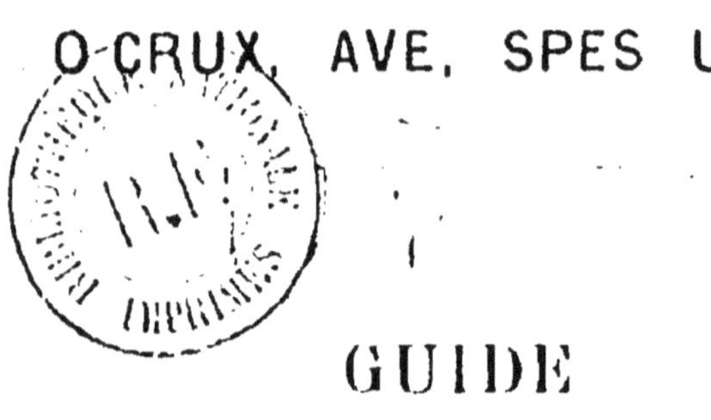

GUIDE

POUR LES CÉRÉMONIES ET LES CHANTS

DU PÈLERINAGE

CÉLÉBRÉ CHAQUE ANNÉE LE DEUXIÈME DIMANCHE DE SEPTEMBRE

SE VEND

50 CENTIMES AU PROFIT DE L'ŒUVRE

1896

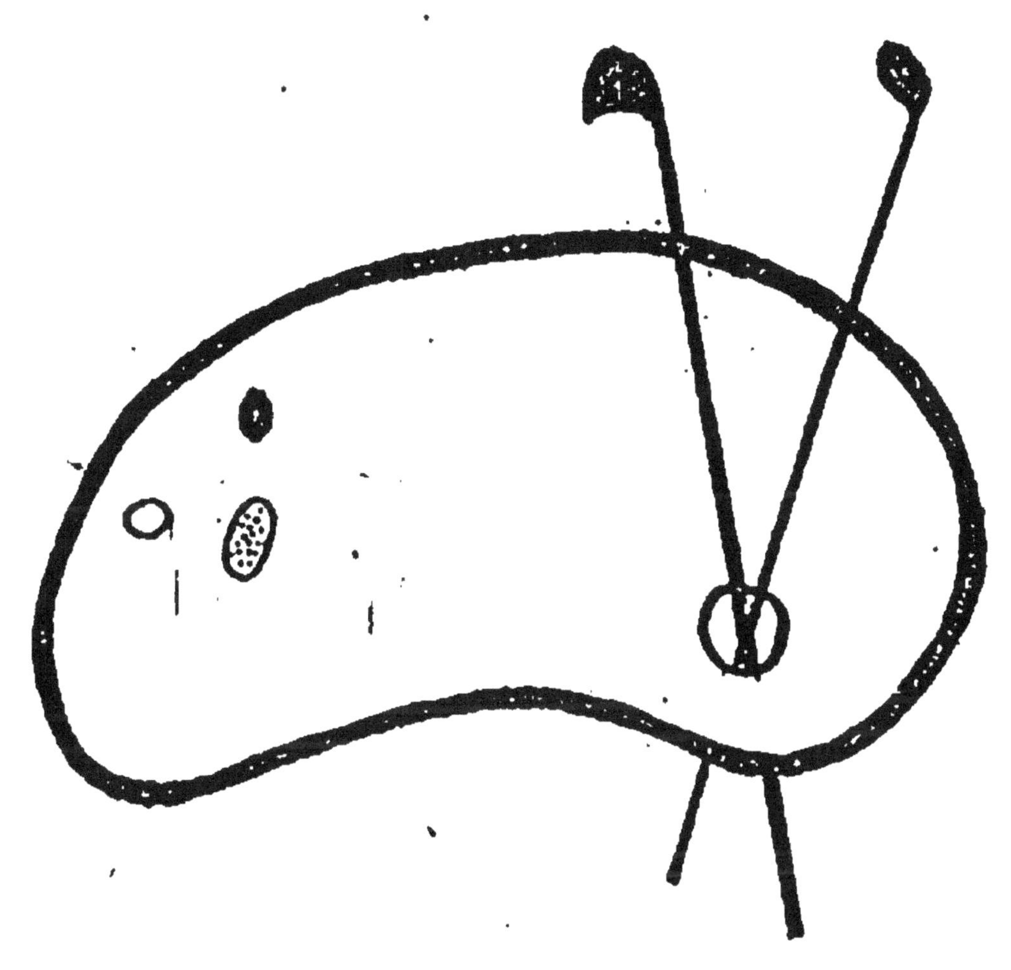

FIN D'UNE SERIE DE DOCUMENTS
EN COULEUR

CALVAIRE DE CHAUMUSSAY

CÉRÉMONIES DU MATIN

Messe de communion à 8 heures.
Grand'messe à 10 heures 1/2.
De midi à 3 heures, à l'Église, des prêtres seront à la disposition des personnes qui désireraient faire dire des évangiles.

CÉRÉMONIES DU SOIR

Vêpres à 3 heures.
Bénédiction du Très Saint-Sacrement.

PROCESSION

Ceux qui portent, pour la procession, les Croix, les Bannières, la Sainte Relique de la Vraie Croix, et les enfants qui portent les instruments de la Passion sortent les premiers de l'Église ; les fidèles suivent avec le clergé.

JEANNE D'ARC

On s'arrête devant la statue de Jeanne d'Arc, représentée en guerrière, son étendard à la main, comme souvenir de la mission que le Ciel a donnée à cette jeune fille, qui, au xv° siècle, à dix-sept ans, s'est mise à la tête de l'armée pour délivrer la France de ses ennemis.

Avant de monter au Calvaire, on doit se rappeler qu'elle a puisé son courage pendant toute sa vie dans son vif amour pour la Croix.

A Rouen, où elle fut brûlée en 1431, au moment de consommer son martyre pour le salut de son pays, elle embrassa encore la Croix avec effusion, en suppliant de la tenir devant ses yeux jusqu'à son dernier soupir.

En 1894, Léon XIII l'a déclarée *vénérable;* unissons nos hommages à ceux qui lui sont rendus depuis cette époque avec un religieux et patriotique enthousiasme par tous les Français, sans distinction de parti; ces manifestations unanimes sont un signe du réveil de la foi et du sentiment national et l'aurore d'une gloire nouvelle pour notre nation. Comme Jeanne d'Arc, aimons Jésus, aimons Marie; c'est ainsi qu'elle a relevé la France de ses abaissements et de ses malheurs; c'est par les mêmes moyens, par la pratique de notre sainte religion, que nous ramènerons notre patrie à la foi antique et à ses glorieuses traditions.

CANTIQUE

VIE DE LA VÉNÉRABLE JEANNE D'ARC

DOMRÉMY, LES VOIX

I

Jeanne, humble bergère
De treize printemps,
Voit une lumière
Aux cieux éclatants.
Écoute, enfant, Dieu te parlera ! (*bis*)

2

Sainte Marguerite,
L'ange saint Michel,
La rassurent vite :
« Nous venons du ciel !
« Par nous, enfant, Dieu te parlera ! (*bis*)

3

« Jeanne, confiance !
« Dieu veut, par ton bras,
« Délivrer la France :
« Enfant, ne crains pas !
« Enfant, enfant, Dieu te soutiendra ! » (*bis*)

4

La douce Jeannette,
Tremblante, hésitait ;
De soi la pauvrette
Trop se défiait.
« Enfant, enfant, Dieu te soutiendra ! » (*bis*)

5

La voix inspirée
Quatre ans lui montra
La France livrée,
L'Anglais toujours là.
« O Jeanne ! O Jeanne ! ah ! n'hésite pas ! » (*bis*)

6

« Jeanne, ta patrie,
« Sanglante, aux abois,
« En pleurant, te crie :
« Sauve mes vieux rois !
« O Jeanne ! O Jeanne ! ah ! n'hésite pas ! (*bis*)

7

« Orléans t'appelle !
« Déjà les Français,
« Dont le sang ruisselle,
« Cèdent aux Anglais !
« O Jeanne ! O Jeanne ! ah ! n'hésite pas ! (*bis*)

8

« Fais une bannière,
« Où resplendira,
« Comme une lumière,
« Jésus ! Maria !
« Guerrière, écris : *Jésus ! Maria !* (*bis*)

LE DÉPART

9

« Adieu, verte plaine
« Et paisibles champs !
« Adieu, ma Lorraine !
« Adieu, chers parents !
« Partons ! Partons ! Dieu nous conduira ! » (*bis*)

10

Avec hommes d'armes
Et parfait renom,
Jeanne, sans alarmes,
Parvient à Chinon.
Avance, ô Jeanne ! et n'hésite pas ! (*bis*)

CHINON

11

« C'est vous le roi Charles,
« Le seul, le vrai roi !
« Beau seigneur qui parles,
« De feindre abstiens-toi !
« Voici, Dauphin, ce qui se fera : (*bis*)

12

« Dedans sa muraille
« Orléans cerné,
« Par triple bataille,
« Sera délivré.
« L'Anglais, tremblant, au loin s'enfuira ! (*bis*)

13

« En une campagne,
« Je dois vous mener
« A Reims, en Champagne,
« Vous faire sacrer.
« A Reims, Dauphin, Dieu vous conduira ! » (*bis*)

14

Chose si cachée
Jeanne indique au roi,
Qu'enfin l'assemblée
Toute en elle a foi :
« Guerrière, à Reims le Dauphin ira ! » (*bis*)

15

« Cours, brave Pucelle,
« Cours en Orléans ;
« Prends la citadelle
« Et Anglais dedans.
« Guerrière, allons ! cours, vole au combat ! » (*bis*)

ORLÉANS

16

La ville assiégée
En liesse reçoit
De Dieu l'envoyée,
Sur son palefroi.
« Vivat à Jeanne ! A Jeanne vivat ! » (*bis*)

17

« En nom Dieu, dit-elle,
« Prions à genoux ;
« Puis à la Tourelle !
« Ils sont tous à nous !
« Guerrière, allons, volons au combat ! » (*bis*)

18

Un trait d'arbalète,
De la tour lancé,
Près du cœur s'arrête ;
Femme, elle a pleuré !
O Jeanne ! O Jeanne ! ah ! ne faiblis pas ! (*bis*)

19

Par l'ange guérie
Du coup meurtrier,
Jeanne, humblement, prie
Sur son destrier :
« Aidez, Seigneur, aidez nos soldats ! » (*bis*)

20

Hors de la bastille,
Et sans plus tarder,
L'héroïque fille
Chasse l'étranger :
« Vivat à Jeanne ! à Jeanne vivat ! » (*bis*)

21

Que Dieu vous protège,
Vous tous, gens de bien,
Du royal cortège
Rassemblé dans Gien !
« A Reims ! partez ! Dieu vous conduira ! » (*bis*)

REIMS

22

Le Dauphin de France,
Sain et sauf rendu,
Fier dans Reims s'avance :
Tout à Jeanne est dû !
Français, au sacre ! et ne tardez pas ! (*bis*)

23

Jeanne a sa bannière
Qui fut au labeur :
« Qu'elle soit première
« Au jour de l'honneur !
« Vivat à Jeanne ! à Jeanne vivat ! » (*bis*)

24

De Dieu l'envoyée
Au Christ doit s'unir :
Jeanne, si fêtée,
Tu vas donc mourir !
La France ainsi tu rachèteras ! (*bis*)

25

Hélas ! la victoire
Laisse ton drapeau,
Et la prison noire
Prédit le tombeau.
O Jeanne ! O Jeanne ! ah ! ne faiblis pas ! (*bis*)

ROUEN, LE MARTYRE

26

Cœur impitoyable,
Juge sans aveu,
Un homme exécrable
Te condamne au feu !
O Jeanne ! O Jeanne ! ah ! ne faiblis pas ! (*bis*)

27

A Rouen, dans la flamme
Jeanne trépassa,
Criant de son âme :
« Jésus ! Maria ! »
Jésus, Jésus, Jésus, Maria ! (*bis*)

28

Quand, dans le feu tombe
Son corps précieux,
Sort une colombe
S'envolant aux cieux.
Jésus, Jésus, Jésus, Maria ! (*bis*)

29

Que cette colombe,
Couronnée au ciel,
Au lieu d'une tombe,
Reçoive un autel !
Jésus, Jésus, Jésus, Maria ! (*bis*)

30

O peuple de France,
Répète en tous lieux,
Par reconnaissance,
Le cri de tes preux :
« Vivat au Christ qui tous nous sauva ! » (*bis*)

Une jeune fille vêtue en Jeanne d'Arc s'avance vers la statue pour prendre l'étendard de l'héroïne et revient vénérer la relique de la Vraie Croix.

C'est une représentation de la France chrétienne, dont la vue doit rappeler pendant la procession que nous sommes le peuple le plus gratifié des bénédictions les plus signalées de Dieu, comme il nous en a donné la preuve en suscitant pour nous sauver, miraculeusement, une *vierge guerrière, charmante en sa jeunesse, éblouissante de gloire, couverte d'une armure resplendissante.*

Elle dit un *Pater* et un *Ave ;* tous les assistants répondent.

Elle continue les invocations suivantes :

Jésus, écoutez-nous ; Jésus, exaucez-nous ; Jésus, ayez pitié de nous ;

Marie, reine du Ciel, priez pour nous ;

Marie, reine de l'Église, priez pour nous ;

Marie, reine de la France, priez pour nous ;

Saint Michel Archange, protecteur de la France, priez pour nous ;

Sainte Catherine et sainte Marguerite, priez pour nous ;

Saint Louis et saints patrons de la France, priez pour nous ;

Sainte Clotilde et saintes patronnes de la France, priez pour nous.

Ensuite on se met en marche.

CANTIQUE

1

En avant ! Dieu nous appelle,
Disait Jeanne, dans sa foi ;
S'il le faut, mourons pour elle,
Pour Jésus, pour Maria.

REFRAIN

Bon chrétien et bon Français,
Noms si doux, noms si doux, si pleins d'attraits,
Ne les séparons jamais,
Bon chrétien et bon Français.

2

En avant ! du saint baptême
Nous portons le sceau vainqueur ;
A Satan guerre, anathème,
A Jésus tout notre cœur.

3

En avant ! fils de l'Église,
Pour la suivre, il ne faut pas
Que la peur nous paralyse ;
Nous serions des renégats.

4

En avant ! c'est la patrie
Qui remet entre nos mains
De sa foi qu'on répudie
L'espérance et les destins.

5

En avant ! dans la mêlée,
Pour Jésus sous son regard ;
En avant ! l'Immaculée
A béni notre étendard.

6

En avant ! Jésus-Hostie
Soutient nos loyaux efforts ;
La divine Eucharistie
Fut toujours le pain des forts.

7

En avant ! cri de victoire
Du disciple de la Croix ;
Dieu le veut ! tout pour sa gloire,
Pour le règne de ses lois.

8

En avant ! plus de faiblesse,
Repoussons nos assaillants,
Car Jésus lui-même tresse
La couronne des vaillants.

LE CALVAIRE

Le *Calvaire* se dresse majestueusement devant le bourg ; la sainte image du Christ domine ce site, l'un des plus beaux de la Touraine ; d'un seul coup d'œil on embrasse tout l'œuvre qui a pour objet : Dieu, notre souverain maître.

Nous devons nous persuader que notre manifestation publique est un acte de vive foi au divin mystère de la Rédemption, une expiation de nos fautes, une réparation des outrages faits à Notre-Seigneur et à son Église, et des scandales donnés aux enfants et aux faibles.

Le *Calvaire*, si visible à tous les regards, est une prière perpétuelle qui demande par Jésus en croix pardon et miséricorde, qui sollicite la cessation de tous les fléaux auxquels nous sommes exposés.

Le *Calvaire* est une invitation à la pénitence en union avec le Sauveur ; c'est un livre éloquent où se lit la grande bonté de Jésus-Christ qui expie nos péchés par sa mort.

———

L'ANGE

En arrivant au pied de la sainte montagne, nous remarquons un Ange qui tient une banderolle avec ces mots écrits :

Montez au Calvaire !

C'est l'image de notre Ange gardien, que nous devons invoquer par ce cantique :

1

Ange de Dieu,
Ministre de sa Providence,
Ange de Dieu,
Qui daignez me suivre en tout lieu,
A l'ombre de votre présence,
Garantissez mon innocence,
Ange de Dieu, Ange de Dieu.

REFRAIN

Ange de Dieu, écoutez-nous,
Ange de Dieu, écoutez-nous,
Ange de Dieu, écoutez-nous.

2

Dans cet exil
Soyez sensible à ma misère ;
Dans cet exil
Sauvez mes jours de tout péril,
Soyez ma force et ma lumière,
Mon maître, mon ami, mon père
Dans cet exil, dans cet exil.

3

Entre vos bras
Soutenez ma débile enfance ;
Entre vos bras
Portez-moi, ne me quittez pas.
Pénétré de mon impuissance,
Que je retrouve l'Espérance
Entre vos bras, entre vos bras.

4

Céleste ami,
Au milieu des tribus des anges,
Céleste ami,

Vous de mon cœur le plus chéri,
Faites qu'un jour dans vos phalanges
De Dieu je chante les louanges,
Céleste ami ! Céleste ami.

LE SACRÉ-CŒUR

La source intarissable des grâces divines est représentée par la belle statue du Sacré-Cœur.

Après avoir écouté le sermon avec attention nous chanterons :

Pitié, mon Dieu ! c'est pour notre patrie
Que nous prions au pied de cet autel.
Les bras liés et la face meurtrie,
Elle a porté ses regards vers le ciel.

Dieu de clémence,
O Dieu vainqueur,
Sauvez, sauvez la France, }
Au nom du Sacré-Cœur ! } (bis)

Pitié, mon Dieu ! sur un nouveau Calvaire,
Gémit le Chef de votre Église en pleurs ;
Glorifiez le successeur de Pierre
Par un triomphe égal à ses douleurs.
Dieu de clémence, etc.

Pitié, mon Dieu ! la Vierge immaculée
N'a pas en vain fait entendre sa voix ;
Sur notre terre ingrate et désolée
Les fleurs du ciel croîtront comme autrefois.
Dieu de clémence, etc.

Pitié, mon Dieu ! pour tant d'hommes fragiles,
Vous outrageant sans savoir ce qu'ils font ;
Faites renaître en traits indélébiles,
Le sceau du Christ imprimé sur leurs fronts.
   Dieu de clémence, etc.

Pitié, mon Dieu ! votre cœur adorable
A nos soupirs ne sera pas fermé ;
Il nous convie au mystère ineffable
Qui ravissait l'Apôtre bien-aimé.
   Dieu de clémence, etc.

Pitié, mon Dieu ! que la source de vie
Auprès de nous ne coule pas en vain !
Mais qu'en ces lieux Marguerite-Marie
Nous associe à son tourment divin !
   Dieu de clémence, etc.

Pitié, mon Dieu ! quand à votre servante
De votre cœur vous dévoiliez l'amour,
Vous avez vu la France pénitente
A ce trésor venir puiser un jour.
   Dieu de clémence, etc.

Pitié, mon Dieu ! trop faibles sont nos âmes
Pour désarmer votre juste courroux ;
Embrasez-les de généreuses flammes
Et rendez-les moins indignes de vous !
   Dieu de clémence, etc.

Pitié, mon Dieu ! si votre main châtie
Un peuple ingrat qui semble la braver ;
Elle commande à la mort, à la vie,
Par un miracle elle peut nous sauver.
   Dieu de clémence, etc.

Cor Jesu sacratissimum, miserere nobis. (3 fois)

La procession reprend sa marche.

FONTAINE DE SAINT-MARC

A la fontaine de Saint-Marc, dominée par la statue du saint Évangéliste, nous devons nous rappeler que cette source a été l'objet d'un culte antique ; dans les archives municipales une délibération écrite pendant la Révolution de 1793 en fait foi et en impose le respect.

CANTIQUE

1

A cette fontaine
Nos pères pieux
Venaient, dans leurs peines,
Présenter leurs vœux.

REFRAIN

Puissant saint Marc,
Priez pour nous ;
Puissant saint Marc,
Priez pour nous.

2

Avec confiance
Nous y viendrons tous
Prier pour la France,
L'implorer pour nous.

3

Avec allégresse,
Fils d'un si grand saint,
Répétons sans cesse
Ce pieux refrain :

4

Obtiens-nous la grâce
D'obéir à Dieu,
De suivre ta trace
Toujours, en tout lieu.

5

De tes pures flammes,
O saint protecteur,
Embrase nos âmes,
Brûle notre cœur.

6

Ton ombre bénie,
O père si doux,
Couvre notre vie
Et plane sur nous.

7

Mais sur cette terre,
Jusqu'au dernier jour,
Nos voix, tendre père,
Rediront toujours :

8

Quand luira l'aurore
Du jour éternel,
Nous dirons encore,
En montant au ciel :

STATIONS DU CHEMIN DE LA CROIX

Aux stations, après les prières en usage, on peut dans les chants alterner un verset du *Stabat Mater* avec le cantique :

TRIOMPHE DE LA CROIX

Vive Jésus, vive sa Croix !
N'est-il pas bien juste qu'on l'aime?
Puisqu'en expirant sur ce bois,
Il nous aima plus que lui-même !

Chrétiens, chantons à haute voix : } *(bis)*
Vive Jésus, vive sa Croix !

Vive Jésus, vive sa Croix !
Le Seigneur l'ayant épousée,
Elle n'est plus comme autrefois
Un objet d'horreur, de risée.
    Chrétiens, etc.

Vive Jésus, vive sa Croix !
Arbre dont le fruit salutaire
Répare le mal qu'autrefois
Fit le péché du premier père.
    Chrétiens, etc.

Vive Jésus, vive sa Croix !
C'est l'étendard de la victoire ;
Par elle il nous donna ses lois,
Par elle il entra dans sa gloire.
    Chrétiens, etc.

Vive Jésus, vive sa Croix !
De tous nos biens source féconde
Qui dans le sang du Roi des rois
A lavé les péchés du monde.
    Chrétiens, etc.

Vive Jésus, vive sa Croix !
La chaire de son éloquence,
Où, me prêchant ce que je crois,
Il m'apprend tout par son silence.
    Chrétiens, etc.

Vive Jésus, vive sa Croix !
Ce n'est plus le bois que j'adore,
Mais c'est mon Sauveur sur ce bois
Que je révère et que j'implore.
    Chrétiens, etc.

Vive Jésus, vive sa Croix !
Prenons-la pour notre partage ;
Ce juste, cet aimable choix
Conduit au céleste héritage.

Chrétiens, chantons à haute voix : }
Vive Jésus, vive sa Croix !   } *(bis)*

Nota. — On se procurera à l'avance, au presbytère, de charmants albums du chemin de la croix représentant, en images les plus artistiques et les plus délicates, les quatorze stations avec les prières que l'on récite habituellement au Calvaire.

A la douzième station, levons les yeux sur notre Divin Sauveur mourant sur la Croix et disons-lui :

O Jésus, c'est pour votre gloire, vous le savez, que cette œuvre a été fondée ; c'est afin d'attirer vers vous les yeux et les cœurs ; c'est afin que vous répandiez en ce lieu vos plus riches bénédictions.

O CRUX, AVE...

Prière. — O bon et très doux Jésus ! je me prosterne à genoux en votre présence, et je vous prie et vous conjure, avec toute la ferveur de mon âme, de daigner graver dans mon cœur de vifs sentiments de foi, d'espérance et de charité, un vrai repentir de mes égarements et une volonté très ferme de m'en corriger, pendant que je considère en moi-même et que je contemple en esprit vos cinq plaies, avec une grande affection et une grande douleur, ayant devant les yeux ces paroles prophétiques que prononçait déjà le saint roi David en parlant de vous, ô bon Jésus : *Ils ont percé mes mains et mes pieds ; ils ont compté tous mes os.*

Indulgence plénière à chaque fois qu'on communie. Pour gagner cette indulgence, il suffit de diriger son intention avant la Communion et de réciter dans la journée *cinq Pater* et *cinq Ave*, à l'intention du Souverain Pontife.

A la treizième station, le merveilleux groupe de la descente de la Croix nous inspire les sentiments les plus religieux ; nous considérons Marie dans l'attitude d'une immense douleur ; elle fait pour nous le sacrifice de son Fils ; son cœur est crucifié. O notre Mère ! faites que le sang de Jésus ne soit pas inutile pour nous.

Sancta Mater, istud agas
Crucifixi fige plagas
Cordi meo valide.

A NOTRE-DAME DES SEPT DOULEURS

REFRAIN

Mère des sept douleurs,
Priez pour nous,
Priez pour nous,
Priez pour nous, pécheurs,
Et par votre prière,
Convertissez, convertissez,
Convertissez nos cœurs.

1

J'ai tant de fois enfoncé des épines
Sur votre front et même en votre cœur,
O doux Jésus, à vos larmes divines
Laissez s'unir mes larmes de douleur.

2

J'ai tant de fois, douce Vierge Marie,
Crucifié Jésus, votre cher fils,
Plein de regret, je veux finir ma vie
En gémissant aux pieds du crucifix.

3

Oui, je le sais, mon âme est pécheresse !
Ah ! cependant ne la méprisez pas ;
Pitié pour moi ! pitié pour ma faiblesse !
Mon pauvre cœur est si fragile, hélas !

4

O tendre Mère, en toute confiance
C'est dans vos bras que je viens me cacher,
Voyez mes maux, mes pleurs, ma pénitence,
Tous mes soupirs, et laissez-vous toucher.

EN OFFRANT UNE COURONNE A LA VIERGE

REFRAIN

Bonne Marie,
Je te confie
Mon cœur ici-bas.
Tiens ma couronne,
Je te la donne ;
Au ciel, n'est-ce pas ?
Tu me la rendras.
Au ciel, n'est-ce pas ?
Tu me la rendras.

1

O bonne Mère,
Regarde-moi ;
Que ma prière
Monte vers toi !

2

Vois si je t'aime ;
Ici mon cœur
S'offre lui-même
Dans cette fleur.

3

C'est une rose,
Don solennel,
Que je dépose
Sur ton autel.

4

Oh ! qu'elle est belle !
Eh bien ! rends-moi,
Rends-moi comme elle
Digne de toi.

5

Qu'elle s'effeuille
A ton autel ;
Moi, j'y recueille
Les dons du ciel.

6

Divine Mère,
Enrôle-moi
Sous ta bannière ;
Je suis à toi.

7

Je me sépare
De tout pour toi ;
Si je m'égare,
Ramène-moi.

8

Sous ton empire,
Pour moi si doux,
Fais que j'expire
A tes genoux.

PROMESSE DE COMBATTRE SOUS L'ÉTENDARD DE LA VIERGE

REFRAIN

Sous ta bannière, ô bonne Mère,
Nous combattrons les bons combats. (*bis*)

1

Au péché déclarant la guerre,
Vierge, nous sommes tes soldats,
Et nous vaincrons par notre Mère
En combattant les bons combats.

2

Au devoir ta voix nous appelle,
Nous voilà marchant sous tes pas ;·
Enfants de la Vierge fidèle,
Nous combattrons les bons combats.

3

Reine des âmes virginales,
A nous, tes fils et tes soldats,
Il nous faut des vertus royales
Pour combattre les bons combats.

4

Sous tes couleurs immaculées,
Fiers sont les cœurs et forts les bras.
Les âmes sont renouvelées
Pour combattre les bons combats.

5

Que ton regard vers nous s'incline !
Contre le mal et ses appas
Arme-nous d'une ardeur divine,
O Vierge ! dans les bons combats.

6

Notre espoir est dans la prière,
Et notre force est dans ton bras ;
Heureux sommes-nous, douce Mère,
De combattre les bons combats.

PROMESSE DE PERSÉVÉRANCE POUR ÊTRE UN JOUR AU CIEL AVEC MARIE

1

J'irai la voir un jour,
Dans le ciel, ma patrie,
J'irai chanter Marie,
Mère du Dieu d'amour.

REFRAIN

Au ciel, au ciel, au ciel
J'irai la voir un jour,
Au ciel, au ciel, au ciel
J'irai la voir un jour.

2

J'irai la voir un jour,
Si mon âme fidèle
Observe en tout, comme elle,
La loi du Dieu d'amour.

3

J'irai la voir un jour,
Si je garde en moi-même
Les vœux qu'à mon baptême
J'ai faits au Dieu d'amour.

4

J'irai la voir un jour,
Si par elle j'adore,
Je bénis et j'implore
Le nom du Dieu d'amour.

5

J'irai la voir un jour,
Si par mes mains je donne
Mon âme, ma personne,
Mon cœur au Dieu d'amour.

6

J'irai la voir un jour,
Si, pendant que je prie,
Mon âme est recueillie
Devant le Dieu d'amour.

7

J'irai la voir un jour,
Si, malgré la nature,
Je porte sans murmure
La croix du Dieu d'amour.

8

J'irai la voir un jour,
Si, par le sacrifice,
Je sais boire au calice
Qu'a bu le Dieu d'amour.

9

J'irai la voir un jour,
Si, dans la pénitence,
Je lave mon offense
Au sang du Dieu d'amour.

10

J'irai la voir un jour,
Si, dans l'Eucharistie,
Je sais puiser la vie
Au cœur du Dieu d'amour.

11

J'irai la voir un jour,
Si toujours, dans mon âme,
Brûle comme une flamme
L'amour du Dieu d'amour.

12

J'irai la voir un jour,
Si, plein de confiance,
Je vais sans défaillance
Par elle au Dieu d'amour.

13

J'irai la voir un jour,
Si, comme tous les anges,
Je chante ses louanges
Pour plaire au Dieu d'amour.

14

J'irai la voir un jour,
Si je garde comme elle
Mon âme toute belle
Aux yeux du Dieu d'amour.

15

J'irai la voir un jour,
Si, vainqueur de moi-même,
Jusqu'à l'heure suprême
Je sers le Dieu d'amour.

16

J'irai la voir un jour,
Si, dans mon agonie,
Elle m'assiste et prie
Pour moi le Dieu d'amour.

17

J'irai la voir un jour,
Si je l'ai pour refuge,
Si par elle mon juge
Me juge en Dieu d'amour.

18

J'irai la voir un jour
Et reposer, j'espère,
Sur le cœur de ma mère,
Au sein du Dieu d'amour.

Ave Maris Stella.
Un *Pater* et un *Ave* pour les malades et les affligés.

PRIÈRE DE SAINT BERNARD A LA SAINTE VIERGE

Souvenez-vous, ô très pieuse Vierge Marie, qu'on n'a jamais entendu dire qu'aucun de ceux qui ont eu recours à votre protection et réclamé votre assistance ait été abandonné.

Animé d'une pareille confiance, ô Vierge des vierges, ô ma mère, j'accours, je viens à vous, et, gémissant sous le poids de mes péchés, je me prosterne à vos pieds. O mère du Verbe incarné, ne méprisez pas ma prière, mais écoutez-la favorablement et daignez l'exaucer.

O Marie, conçue sans péché, priez pour nous qui avons recours à vous.

Sainte Marie, refuge des pécheurs, priez pour nous.

> Vierge, notre espérance,
> Étends sur nous ton bras,
> Sauve, sauve la France,
> Ne l'abandonne pas. (*bis*)

LE TOMBEAU

A la quatorzième station, en présence du Christ étendu comme dans son tombeau, avec sa pâleur mortelle, recueillons-nous quelques instants; demandons une bonne mort pour nous, embrassons avec amour et respect l'image de notre Dieu.

Jésus, miséricorde (100 *jours d'indulgence*).

Père éternel, je vous offre le Sang très précieux de Jésus-Christ, en expiation de mes péchés et pour les besoins de la Sainte Église (100 *jours d'indulgence*).

> *Parce, Domine, parce populo tuo,*
> *Ne in æternum irascaris nobis.* (3 fois)

Un *Pater* et un *Ave* pour les pécheurs;

Un *Pater* et un *Ave* pour les âmes du purgatoire;

Un *Pater* et un *Ave* aux intentions des personnes qui se sont recommandées aux prières du Calvaire;

Un *Pater* et un *Ave* pour les biens de la terre;

Un *Pater* et un *Ave* pour la prospérité de la France;

Faire le signe de la Croix en disant pieusement : Au nom du Père... etc.

(50 *jours d'indulgence*.)

RETOUR DES STATIONS

En redescendant, on voit à ses pieds la magnifique vallée dans laquelle serpente gracieusement la Claise qui semble vouloir saluer le Calvaire en s'approchant de la sainte montagne ; un magnifique panorama se déroule devant les yeux ; on contemple avec amour les œuvres de Dieu et on éprouve la nécessité de s'attacher à lui.

NOUS VOULONS DIEU

1

Nous voulons Dieu ! — Vierge Marie
Prête l'oreille à nos accents.
Nous t'implorons, Mère chérie,
Viens au secours de tes enfants.

REFRAIN

Bénis, ô tendre Mère, ce cri de notre foi
Nous voulons Dieu ! c'est notre père, } *(bis)*
Nous voulons Dieu ! c'est notre roi.

2

Nous voulons Dieu ! — Ce cri de l'âme
Que nous poussons à ton autel,
Ce cri d'amour qui nous enflamme,
Par toi qu'il monte jusqu'au ciel.

3

Nous voulons Dieu, car les impies
Contre son nom se sont ligués ;
Et dans l'excès de leurs furies
Ils l'ont proscrit, les insensés !

4

Nous voulons Dieu dans la famille,
Dans l'âme de nos chers enfants,
Pour que la foi s'accroisse et brille
A nos foyers reconnaissants.

5

Nous voulons Dieu dans nos écoles,
Pour qu'on enseigne à tous nos fils
Sa loi divine et ses paroles
Sous le regard du crucifix.

6

Nous voulons Dieu ! — Sa sainte image
Doit présider aux jugements ;
Nous le voulons au mariage,
Comme au chevet de nos mourants.

7

Nous voulons Dieu dans notre armée,
Afin que nos vaillants soldats,
En défendant la France aimée,
Soient des héros dans les combats.

8

Nous voulons Dieu, pour que l'Église
Puisse enseigner la vérité,
Bannir l'erreur qui nous divise,
Prêcher à tous la charité.

9

Nous voulons Dieu ! — De sa loi sainte
Jurons-lui d'être les vengeurs,
De le servir libres, sans crainte ;
Jusqu'à la mort à lui nos cœurs !

10

Nous voulons Dieu ! — Le ciel se voile,
L'ouragan monte sur les flots ;
Brille sur nous, ô blanche Étoile,
Conduis au port les matelots.

11

Nous voulons Dieu ! — Que ta clémence,
Seigneur, exauce nos désirs !
S'il faut du sang pour la défense,
Accepte-nous pour tes martyrs.

12

Pour renouer notre alliance,
Chrétiens, debout dans ce saint lieu,
Crions au nom de notre France :
« Oui, *Dieu le veut !* » — *Nous voulons Dieu !* —

GROTTE DE L'ENFANT JÉSUS

La dévotion à l'Enfant-Jésus était nécessaire pour compléter l'œuvre ; il fallait construire une grotte pour rappeler celle de Bethléem. Dans ce but, on se mit à entailler le tuf au bas du Calvaire.

Une grotte naturelle, tapissée de stalactites, et complètement ignorée, fut découverte juste à cet endroit. On cessa le travail. C'est là qu'on a déposé les statues de la Crèche.

On embrassera avec effusion une statuette en métal de l'Enfant-Jésus, don précieux d'une bienfaitrice qui l'a rapportée de son pèlerinage de Jérusalem et qui lui a fait appliquer toutes les indulgences des Lieux Saints.

Nota. — Un registre est au presbytère, où les mères chrétiennes font inscrire les noms de leurs enfants, pour les mettre sous la protection de l'Enfant-Jésus et les faire participer aux prières qui se font chaque jour dans cette intention.

Un *Pater* et un *Ave* pour tous les enfants inscrits.

JÉSUS EST L'AMI DES ENFANTS

REFRAIN

Jésus est l'ami des enfants ;
Des enfants il est le modèle.
Jésus est l'ami des enfants,
Célébrons Jésus dans nos chants.

1

D'aussi loin qu'ils apercevaient
Du bon Jésus le doux visage,
Les enfants en troupe accouraient,
Pour se trouver sur son passage.

2

Les plus petits étaient portés
Sur les bras de leurs tendres mères ;
Quelquefois c'étaient les aînés
Qui se chargeaient des petits frères.

3

Un jour, dit le récit sacré,
Si nombreuse était l'affluence
Et le doux Sauveur si serré,
Qu'on voulut éloigner l'enfance.

4

Les disciples, trop ignorants
Des secrets du cœur adorable,
Menaçaient les petits enfants ;
Car leur troupe était innombrable.

5

Les disciples furent repris :
« Je ne veux pas, dit le bon Maître,
Qu'on empêche ces chers petits
De venir près de moi se mettre.

6

De mon Père au plus haut des cieux
Leurs anges contemplent la face,
Et je reconnais dans leurs yeux
Les enfants qui sont dans la grâce. »

7

Penchant ses lèvres sur leur front
Il les baisait avec tendresse,
Et dans leur jeune cœur si bon
Il versait un peu de sagesse.

8

« Oh ! laissez venir les petits,
Les éloigner, c'est me déplaire. »
Et quand il les avait bénis,
Jésus les rendait à leur mère.

9

Et la mère, en les recevant
Des mains du bon Sauveur lui-même,
Embrassait son petit enfant
En lui disant : « Comme je t'aime ! »

VÉNÉRATION DE LA SAINTE RELIQUE DE LA VRAIE CROIX

Pendant que les fidèles descendent les marches des grilles du Sacré-Cœur, ils vénèrent la Sainte Relique de la Vraie Croix.

CHANTS

O Crux, ave. — Credo.

Pendant ces chants, des prêtres seront à la disposition des personnes qui voudront faire dire des évangiles.

On rentre à l'Église en chantant le *Te Deum*.

EXERCICE DU CHEMIN DE LA CROIX,

A LA CHUTE DU JOUR

A sept heures la montagne est illuminée ; des verres de couleur sont fixés à toutes les stations de la voie douloureuse et produisent un effet merveilleux. Les cloches appellent les fidèles à l'Église, pour se munir de cierges et partir avec le clergé pour le saint exercice du chemin de la Croix.

Au milieu des ombres de la nuit, après les fêtes du jour, les cœurs ressentent quelque chose de plus délicieux encore ; les prières sont plus pieuses ; les voix retentissent plus ardentes.

On éprouve vraiment que la Croix est le principe générateur de toutes les vertus chrétiennes ; elle est la source des émotions les plus douces, les plus nobles et les plus fécondes.

Nota. — Les personnes qui doivent prendre le dernier train peuvent, sans craindre de le manquer, assister à ce dernier exercice du chemin de la Croix ; il sera terminé assez à temps pour que toutes se trouvent à la gare avant l'heure du départ.

OFFRANDES

L'entretien du Calvaire et son embellissement à venir réclament encore de grandes dépenses ; nous comptons sur la générosité des âmes chrétiennes, qui comprennent que les dons destinés à cette belle œuvre seront un moyen sûr d'obtenir abondamment des grâces spirituelles et temporelles ; elles prêtent à Dieu pour recevoir au centuple ; elles peuvent déposer leurs offrandes dans les troncs placés à cet effet, ou les remettre à M. le Curé de la paroisse.

18959. — Tours, imprimerie Deslis Frères, 6, rue Gambetta.

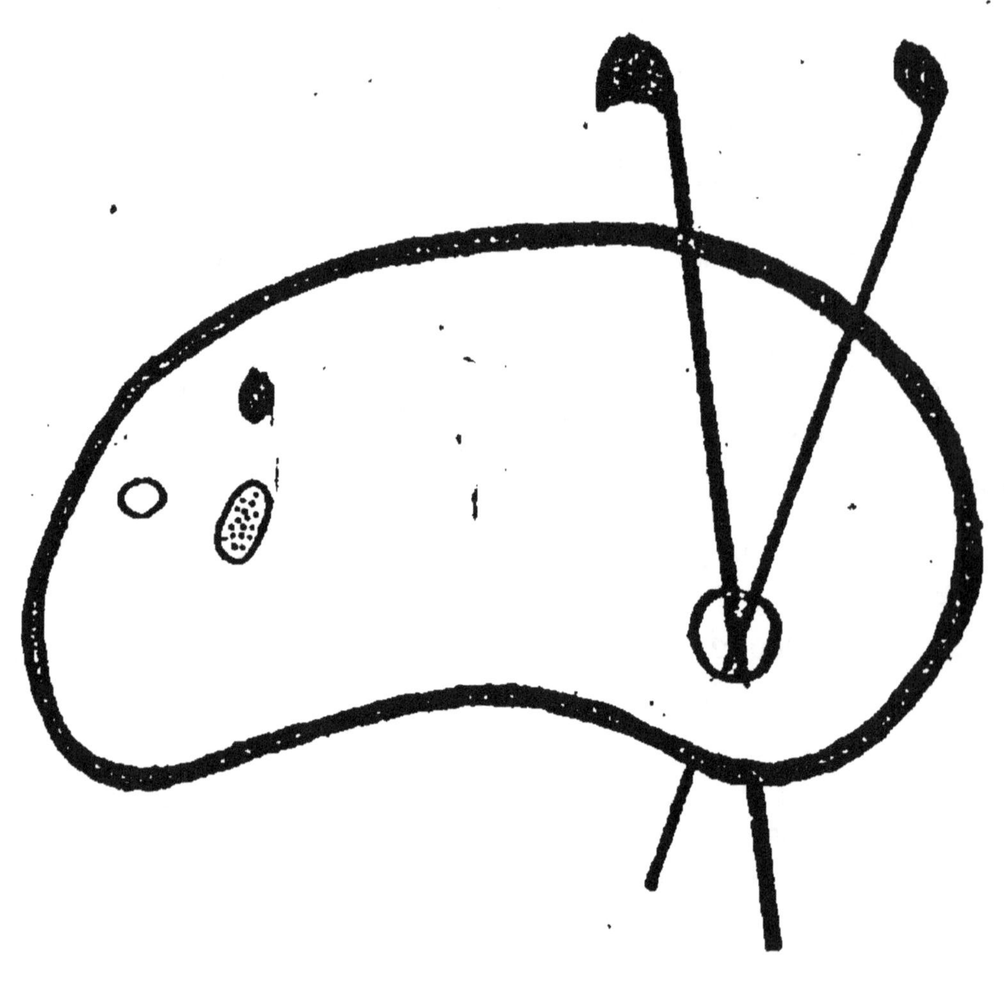

ORIGINAL EN COULEUR
NF Z 43-120-8